AF200276

Anonymous

Kirche

Anonymous

Kirche

ISBN/EAN: 9783744700856

Hergestellt in Europa, USA, Kanada, Australien, Japan

Cover: Foto ©Lupo / pixelio.de

Weitere Bücher finden Sie auf **www.hansebooks.com**

Ist es für die

Römischkatholische Kirche

nützlich,

daß

Pius VI.

ein Nachfolger

gegeben werde:

oder kann

unsere Kirche

nicht auch

ohne einen Pabst

bestehen.

Valence, 1799.

Vorbericht.

Aus Egypten wurde mir ein Manuscript von einem ganz Unbekannten mit dem Ersuchen zugeschickt, solches so schleunig als möglich drucken und bekannt machen zu lassen. Ich habe es flüchtig durchgegangen, und weiter nichts unanständiges darinn gefunden. Aus dieser Ursache habe solches der Presse in der Hoffnung überlassen, dem größten Theil des Publikums einen wahren Dienst damit erwiesen zu haben.

im Sept. 1799.

der Verleger.

Mein Freund!

„Ehe wir mit unserm freundschaftlichen
„Streite zu Ende kommen, hat die Römisch-
„katholische Christenheit vielleicht wieder
„ein neues sichtbares Oberhaupt; dem wir
„aber, wenn wir gut katholisch, und noch
„obendrein menschenfreundlich, denken wol-
„len, eine ruhigere Regierung, wenigere Krän-
„kungen, und seiner Krone mehrern Glanz
„wünschen und vom Himmel erbitten müssen."

So schreiben Sie mir in Ihrem letz-
ten Briefe. Vergeben Sie mir, wenn ich

A 2   mich

mich des Lächelns über diese Ihre fromme
Gesinnungen nicht erwehren konnte. Ein
neues sichtbares Oberhaupt der Römischkatholischen Kirche? Und dies noch dazu
sein bald? Sie müßen im Sinne haben,
Ihren Streit mit mir lange fortzusetzen. ——
Sie müssen recht hartnäckig mit mir käm-
pfen — sich wohl gar einen Kardinalshut
bey dem neuen Papste, allerwenigstens ein
Bisthum von 100,000 Rthlrn. erringen
wollen, wenn das Ihr Ernst ist; und wenn
Sie, um diesen Ernst recht zu erhärten, dies
zum Innhalte Ihres täglichen Gebetes machen, und, wie ich aus einigen Worten Ihres Schreibens beynahe schliessen muß, so oft
Sie Messe lesen, dieser Ihnen so sehr am
Herzen liegenden Sache auch dabey gedenken.

Ich bekenne Ihnen gerne, daß meine
ersten Gedanken, da ich die Nachricht von dem
Tode

Tode des guten, ehrlichen **Pius** aus N. erhielte, auf die Frage giengen: **Wird wieder ein Papst** erwählt werden? Aber das konnte ich nicht von mir erhalten, das **Kardinals-Kollegium** durchzugehen, und nachzusehen, wem unter diesen erhabenen, und würdigen **Vätern,** deren verschiedene mir von Rom her, wo ich mich, wie **Sie** wissen, eine Zeitlang aufhielte, genau bekannt sind, die **dreyfache Krone** werde aufgesetzt werden.

Ich warte alle Tage auf Briefe von dorther: ich sehe den Nachrichten, die diesen allerdings höchst wichtigen Gegenstand betreffen, mit der grösten Begierde entgegen. Aber ich müßte mich sehr betrügen: oder sie werden mir nichts anders sagen, als was ich schon längst, besonders seit der nun verewigte **Pius** Rom verlassen hat, weil er mußte, mit angstvollem Herzen vermuthet habe.

Stellen

Stellen Sie sich den gegenwärtigen Zu=
stand in jener Stadt, die ungeheure Verwir=
rung, vor, in der sie seit dem Einfall der **Fran=
zofen**, die das unterste zu oberst gekehrt ha=
ben, ist, und seyn muß. Denken **Sie** sich
die Gesinnungen mehrerer **katholischen gros=
sen Höfe**, etwa Portugall und Spanien
ausgenommen, in Rükficht auf die Wiederbe=
setzung des **Päpstlichen Stuhls.** Wenn
schon **Frankreich** wirklich auf dem Punkt zu
stehen scheint, die Gebieterinn von Europa
im **kirchlichen und politischen Fache nicht
mehr vorstellen zu dörfen;** wenn schon eine
gewisse **Klasse** von Menschen in unserer
Kirche, der **Klemens XIV.** den Herzstoß ge=
geben zu haben **glaubte**, unter der Hand
thätig genug seyn wird, alles, nach und nach,
und ganz unbemerkt wieder in das alte Geleis
zu bringen; wenn schon von frommen Seelen
in der **Römischkatholischen Christenheit**
für

für die Wiederherstellung der Ordnung und
Ruhe in der **wahren Kirche** manche heisse
Seufzer werden gen Himmel geschickt werden;
wenn wir endlich sicher gewiß seyn können,
daß der **Fels,** auf den die **Kirche Gottes** ge-
baut ist, niemal werde zersplittert, geschweige,
umgeworfen und gestürzt werden, sollten auch
die an ihn anschlagende Wellen noch so sehr
wüten; so ist doch meine Hofnung sehr schwach
und wankend, wie **Rom** bald in seinem vo-
rigen, alten Glanze, und einen Nachfolger
Peters, des **Apostelfürsten,** so schleunig,
als **Sie** denken, auf **dem Throne** sehen
werden, von welchem nun viele Jahrhundert
hindurch Seegen und Heil, Licht und Wahrheit auf die **Christenwelt** ausgeströmt ist.

An Verräthern, — dies räume ich Ihnen von Herzen gerne ein — so gar in unserer Kirche, wird es nicht fehlen, die, irre
geführt

geführt von dem falschen Lichte der Aufklärung,
mit der die Neufranken leider! seit einem
Jahrzehend geäfft und unglücklich gemacht haben; und, betrogen von Unkatholischen, die
bey den abgrundsmäſſigen Auftritten in Rom,
und bey den tödtlichen Kränkungen des würdigen Pius in das Fäuſtchen gelacht, und
ſich mit ſüſſen Träumen hingehalten haben,
daß nun der Untergang der katholiſchen Kirche nahe, und ganz nicht mehr zu bezweifeln
ſeye, ſich nicht ſäumen würden, wenn man Sie
fragen ſollte, auch Ihre Stimme zur Aufhe-
bung des Stuhls in Rom zu geben.

Irreligion und Ruchloſigkeit, Unwiſſen-
heit und Irrthum, Neid und Bosheit, tragen keine andere, als ſolche, Früchte: So-
domsäpfel, die von auſſen alles Gute verſpre-
chen, aber innen voller Brand und Aſche ſind.

Wir

Wir können, sagen sie, auch ohne Papst,
ohne einen sichtbaren Statthalter Christi,
seyn. Man räume den Bischöfen ihre alten, von Rechts wegen gebührenden Rechte,
wieder ein: man halte diese darzu an, sich nach
den Dekreten der Päpste, die sie in den
Händen haben, nach den Canonen und
Schlüssen der Kirchenversammlungen
sträflich zu achten. Wie grosse Summen können erspart; wie viel dardurch gewonnen werden, um das Gehalt der Bischöfe, der Pfar-
rer, Capläne und Seelsorger, der Schul-
lehrer, und anderer, weit unentbehrlicheren
Leute, als der Papst mit seinen Kardinälen ist, zu verbessern, und auf diesem Weege
das wahre Glück der Staaten zu bauen!

Sie kennen das Holz, aus dem diese
schön tönende Zauberpfeife geschnitzt ist. ——
Ich erstaunte, als mir neulich von einem jun-
gen

gen Geiſtlichen in V. ein Auffaß in die Hände kam, der ſich auf ſeine Einſichten, die er
aus dem Studium der **Kirchengeſchichte** ge-
geſchöpft haben will, große Dinge einbildet.

„Ich bin noch nicht, ſchreibt er, über-
„zeugt, daß **Peter**, der Apoſtel, der erſte
„**Papſt** geweſen iſt; und eben ſo wenig, daß
„ſeine angebliche Nachfolger auf dieſe Ehre
„Anſpruch machen können. Wie verſchieden
„ordnen die Geſchichtſchreiber nur die Biſchöfe
„des 1. Jahrhunderts nach unſers **Seeligma-**
„**chers** Geburt, **Linus, Klemens, Kle-**
„**tus, Anakletus;** zum unläugbaren Be-
„weiſe, in welcher Dunkelheit dieſe Dinge
„noch bis auf dieſe Stunde liegen! Wenn
„ich auch einräume, daß ſie **Biſchöfe in Rom**
„waren, ſo iſt es noch weit zu der Würde,
„Macht und Anſehen, wozu ſie — wohlge-
„merkt, erſt im fünften Jahrhundert auf-
„geſtie-

„gestiegen, und worinn sie ihrem angeblichen
„Vorgänger, Peter, dem Apostel, so höchst
„unähnlich sind.‟

Greifen Sie, mein Freund, nicht
das Gift mit Händen, das dieser naseweise
Junge hier, aus einer unverdauten Lektüre,
aussprühet? Hätte er vorher die Dogma-
tik, und in derselben den Artikul von der
Kirche, sorgfältig studirt, ehe er mit seinen
ungewaschenen Händen an die Kirchengeschichte gegriffen hat, so würde seine Schrift
von diesen ärgerlichen Unsauberkeiten unbeflekt
geblieben seyn. Noch ist dieser aufgeklärte
Schriftsteller — Sie wissen schon, was ich
von der so genannten und gegenwärtig so laut
gepriesenen, und bis in den Himmel erhobe-
nen Aufklärung halte — ehrlich, gegen einen andern, der seit dem Tode Plus VI. sich
gar mit dem Einfalle trägt, nicht nur keinen

Papst,

Papst, sondern auch lieber keinen Bischof
mehr in der Kirche zu dulden. Was sind die
Bischöfe, fragt er, ganz in dem Ton der edlen Neufranken, als eine höchst entbehrliche Waare, die man von dem Augenblicke an,
da sie nicht mehr sind, nicht vermissen wird?
Leute, die das Mark des Landes fressen, die
Bürger aussaugen, ihre Tage in Wohlleben,
Ueppigkeit und Müffiggang zubringen, und,
von der Farbe zu reden, eine unnüze Last der
Erde sind. Ihr Name bedeutet einen Aufseher. Aus dem Griechischen Worte: Episkopus, ist Biskopp, und in der Folge:
Bischof geworden. Aber was hat die Welt,
seit dem es Bischöfe gibt, an ihnen gesehen?
Wahrhaftig, der alte, ehrliche, Kayersberger hat Recht, dem Namen Bischoff die
Deutung zu geben: Beiß die Schaaf.
In England hat man diesen Einfall in Kupfer stechen lassen, und zur Erläuterung latei-

nische

nische Verse dazu gemacht, die im Deutschen
also lauten:

Es haben die Gelehrten sich
Hiermit bekümmert wunderlich:
Und hat der Streit schier noch kein End,
Woher ein Bischoff sich genennt?
Ihr einer sagt: das Griechisch Wort
Episkopus bringt mit sich fort
Ein Hüter und ein Wächter gut,
Der für sein Schäflein sorgen thut.
Ein Deutscher solches hört, der sprach:
Ihr Herren, thut ein wenig gemach.
Die That doch solches nicht mit sich bringt:
Drum auch nur sagen gar nicht klingt.
Und wann mans eher merken will,
So heißt ein **Bischoff** also viel,
Als: **Beiß die Schaaf:** wer solchs
            nicht glaubt,
Muß wohl sein'r Sinnen seyn beraubt.
Das Land ist der Exempel voll.

                          Bey

Bey Manns Gedenken weiß man wohl,
All solchs in Engelland sey geschehn,
Was man in der Figur thut sehn. ꝛc. ꝛc.

Was sagen Sie hiezu, Freund? Dahin wird es nun wohl nicht kommen, wohin es gerne manche bringen möchten, die aller Sittlichkeit, Religion, Ordnung und Ruhe den Tod geschworen haben: besonders da man mit Augen sieht, was die gewaltsame, in der ganzen Geschichte unerhörte Staats-Umwälzung in Frankreich, diesem auf Jahrhunderte unglücklichen Lande, für verabscheuungswürdige Früchte getragen hat, und alle Tage noch trägt.

Aber man merkt doch, wo mancher verführten Menschen Absichten hingehen; und man hat Ursache zu besorgen, daß die Anzahl derer nicht klein sey, die bey diesen Auftritten gerne

gerne im Trüben fischen, und, wo nicht gar
alles über den Haufen zu werfen, doch wenigstens eine auffallende Veränderung und Neue-
rung in dem Regimente der Kirche, koste
es, was es wolle, zu Stande zu bringen suchen werden.

Was der von mir oben angeführte, jun-
ge Geistliche gesagt hat, das wird in den Köpfen
mancher Minister an denjenigen Höfen spu-
ken, die die Macht des Papstes bisher mit
scheelen Augen angesehen haben! und da der
Hauptgrundsatz der Regenten je länger, je
mehr darauf hingeht, in vollem Verstande
Herren und Gebieter ihrer Unterthanen zu
seyn, ihre Einkünfte, so gut sie können, zu
vermehren, und Geldausflüsse aus ihren Län-
dern anderswohin, möglichst zu verstopfen;
so sehen Sie leicht, was für Gedanken und
Projekte bey der gegenwärtigen Vakanz des

B   päpst-

päpstlichen Stuhls in ihnen aufwachen,
und wohin sie sich diese können führen lassen.

Spanien und Portugall sind diejenigen Königreiche, die in der Treue gegen den
Papst bisher am wenigsten gewankt haben;
wiewohl Sie es nicht vergessen haben werden,
wie auch so gar der allergetreuste König
nicht immer auf dem besten Fusse mit dem
Papste stund. Und Spanien! — Wird
dieses Land nicht, dessen König sich vor den
Neufranken fürchtet oder fürchten muß, unter dem Einflusse dieser stehen, und sich von
ihnen leiten lassen?

Deutschland ist in einer eigenen und
ganz sonderbaren Krise. Erinnern Sie sich
der Ausfälle der 4 Deutschen Erzbischöfe,
wegen der Päpstlichen Nunzien? des Emser Kongresses? Wahr ists, jenes Gewitter

ter verzog sich wieder. Die Wellen legten
sich. Aber wer will gut dafür seyn, daß gegenwärtig der bisher schlafende Feind nicht
plözlich erwache, und begierig darauf hinfalle,
das nun mit starker Hand zu ergreifen, was
ihm damahl, durch den Zusammenfluß mehrerer, uns ohne Zweifel wenigstens zum Theil
ganz unbekannter Umstände entwunden worden ist?

Joseph II. lebt freylich nicht mehr.
Hätte dieser das Ruder seines mächtigen Staats
noch in den Händen, so würden Sie in Ihrem Streite mit mir über die Papstwahl
voraus so gut als verloren haben. Aber alles von seinen Grundsäzen lebt noch, und ist
— ich getraue mir, dies zu behaupten, —
unvertilgbar.

Rom ist zwar nunmehr von den Neu-

franken

franken wieder gesäubert — eine grosse Hin-
derniß ist damit aus dem Wege gerämt —
Aber, welche Berge werden doch noch zu über-
steigen seyn, bis das Konklave eröfnet werden kann!

Lassen Sie mich nur noch kürzlich meine Gedanken über die 4 Fragen, in welchen
man alles, worüber wir miteinander schon so
vieles gesprochen haben, zusammenfassen kann,
Ihnen überschreiben, und theilen Sie mir
dagegen die Ihrigen mit. Vielleicht kommen wir am Ende doch noch zusammen.
I. Kann unsere Kirche nicht auch ohne
Papst bestehen? II. Wenn wieder ein
neuer erwählt werden sollte, werden sich
nicht besonders die grosse katholische Höfe herausnehmen, auch etwas zu seiner
Wahl beyzutragen? III. Werden ihm
nicht Gesetze vorgeschrieben werden, deren

ren Beobachtung er ſich nicht entziehen
kann, wenn er auf ſeinem Poſten bleiben will? IV. Muß nicht die Römiſch katholiſche Kirche bey dieſer ganzen Sache
groſſe Rükſicht auf die Unkatholiſchen
nehmen, um ihnen keine Blöſſe zu geben.

Ich glaube, nichts vergeſſen zu haben,
was bey dieſem Gegenſtande zur Sprache kommen kann. 1. Frage: Kann unſere, die
Römiſch katholiſche Kirche, nicht
auch ohne Papſt beſtehen? Ich glaube;
Nein! Hören Sie meine Gründe.

Daß Petrus, der Apoſtelfürſt, der
erſte Römiſche Biſchof geweſen ſey; daß
Chriſtus dieſem die Schlüſſel des Himmel-
reichs anvertraut und übergeben habe; daß
die ununterbrochene Reihe ſeiner Nachfolger
bis auf den nun in das Paradies eingegangenen

Pius

Pius VI. ein Beweis der Wahrheit unserer heiligen Religion sey, dies sind Glaubensartikul, über denen wir halten müßen, wenn wir nicht Verräther an unserm Glauben, an unserm allein seeligmachenden Glauben, werden wollen. Es wird nicht fehlen, so klagen Sie mich widersprechender Gedanken in dieser Sache an. Gleich im Anfange dieses meines Schreibens bezeugte ich Ihnen mein Mitleiden über Ihre fromme Hofnung, daß die Römischkatholische Christenheit ein neues sichtbares Oberhaupt erhalten werde. Und nun sage ich es selber? Der Widerspruch verschwindet, wenn ich mich deutlicher erkläre.

Was Sie sich bey diesem Oberhaupte denken, das denke ich nicht dabey, wie Sie aus der Beantwortung der III. Frage sehen werden. Und nun wäre der Widerspruch

einst-

einstweilen gehoben. Haben Sie Geduld,
bis Sie die volle Auflösung dort finden werden.

Aber dabey muß es bleiben, daß ein
Papst gewählt wird: und dieser mag denn
auch das sichtbare Oberhaupt der katholischen Kirche heissen, wenn auch schon ei-
nige Aenderungen mit ihm vorgehen, die aber
die Hauptsache nicht betreffen. Die Kirche
muß einen Papst haben; dies ist ein Glaubensartikel, so gut, als jeder andere, auf dem
man steif und fest hält.

Wenn unsere Theologen die Säze: Judas hat mit seiner Schnur Schande getrie-
ben: Tobias hat einen Hund mit sich geführt: dieser Hund hat mit dem Schwan-
ze gewedelt: ꝛc. ꝛc. für Glaubensartikel
ausgeben dürfen; so ist ohne Zweifel der von
grösserem Belange: die Kirche kann nicht
ohne

ohne sichtbares Oberhaupt seyn, das Glaubens- und Gewissensfragen nach der Macht, die ihm Christus gegeben hat, entscheidet, das beständige, genaue Aufsicht auf alle Gemeinden, ihre Vorsteher und Lehrer hat; das Streitigkeiten beylegt; und nach dessen Aussprüchen man sich richten muß, eben als ob sie aus dem Munde des Erzhirten Christi selbst kämen.

Unkatholische, oder auch treulose Judas Brüder mitten in dem Schoose der christ-katholischen Kirche mögen hierüber die Nase rümpfen, oder ein lautes Hohngelächter aufschlagen: Meinetwegen! Ich bleibe bey der Verheissung Christi, der Petrum zum ersten Bischoff in Rom erklärt hat: auf Petern will ich meine Kirche bauen, und die Höllen Pforten, vielweniger also die Unkatholische, die Neufranken, die Frey-

denker

denker, von allen Völkern des Erdbodens, sie
mögen Namen haben, wie sie wollen, sollen
sich ihrer, der auf den h. Peter gegründeten
Kirche, nicht bemächtigen können.

Ferner: die Kirche hat nun schon über
1700 Jahre ein sichtbares Oberhaupt gehabt,
und sich wohl dabey befunden. Warum soll
es jetzt erst anders werden? Die Unkatholische, Lutheraner und Calvinisten
haben keines. Welch ein Schwall von Unei-
nigkeiten und Zänkereyen hat sie schon oft ihrem Untergange nahe gebracht?

Die Einheit der Kirche ist eine von ihren Haupteigenschaften und Vorzügen. Wie
kann diese besser und sicherer, als durch Ein
sichtbares Oberhaupt behauptet und erhalten werden? Ich fürchte mich hiebei vor keinen Einwürfen der Widersacher. Sie sind

schon

ſchon hundertmal widerlegt worden; und ich
darf Sie nur an den groſſen **Bellarmin** er=
innern, der ſich um den **Päpſtlichen Stuhl**
hierinn unſterblich verdient gemacht hat. Ich
ſchweige von andern Gründen, die Sie ſo
gut, als ich, wiſſen müſſen, und die Sie ſich
ins Gedächtniß zurückrufen, und **Ihren** Glau=
ben damit ſtärken können, wenn **Ihnen** bey
den gegenwärtigen trüben Ausſichten in unſe=
rer Kirche für die Erhaltung unſers heiligen
Glaubens, und ſeiner Grundſäule, des
Papſts, bange werden will.

Freylich ſollte ich mit manchen dieſer
meiner Aeuſſerungen mich nicht an das Licht
wagen. Ich weiß, daß ich den Horniſſen zu
Theil werden werde, ich meine, treuloſen
Mitgliedern unſerer Kirche, die ſich nicht
ſcheuen, zu ſagen: „Freyheit zu denken und
„zu urtheilen, unabhängig von Autorität,
„von

„von Aussprüchen der Priester, der Mönche,
„des Papstes, — man höre und erstaune!
„— des Papstes, der Consistorien, ist das
„heiligste, wichtigste und unverletzlichste Recht
„der Menschheit, welches höher zu schäzen ist,
„als alle andere Freyheiten und Rechte, weil
„die Beraubung desselben die menschliche Glük=
„seeligkeit nicht bloß mindert, sondern gänz=
„lich zerstört; weil mit diesem Rechte der
„Menschheit die Tugend, die Ruhe, der
„Trost des Menschen steht und fällt; weil die
„Menschen ohne dieses Recht und dessen Aus=
„übung elende Sklaven werden, und ihre Seele
„und Seeligkeit aufs Spiel sezen, indem sie
„es darauf ankommen lassen, ob die, denen
„sie nachbeten, ihre Vernunft Preis geben, sie
„zur Wahrheit, oder zur Lüge, zum Himmel
„oder zur Hölle führen wollen."

Hier ist mir der Stab gebrochen, lie=

ber

ber Freund, über dem, was ich Ihnen bisher von der höchsten Nothwendigkeit eines sichtbaren Oberhaupts der Kirche gesagt habe. Und so spricht ein katholischer Schriftsteller. Wenn die Freyheit zu denken und zu urtheilen von dem Ausspruche des Papstes unabhängig seyn solle, wozu ein Papst, ein Oberhanpt der Christenheit? Wo wird es mit unserer ganzen Glaubenslehre hinkommen, wenn das wahr ist?

Ein anderer sagt: „das Wohl des „Staats und des Regenten beruhet blos dar„auf, daß sich unter den Unterthanen Aufklä„rung und Tugend verbreite: nicht aber dar„auf, daß eine Kirchenpartey mit ihren Priestern — merken Sie den Tritt? mit ihren Priestern — und der Papst ist doch der oberste Priester — „die Oberhand haben." Eben dieser Schriftsteller redet von einer abergläugläubischen, prunkreichen und geistesleeren Religion. Zuverläßig versteht er hierunter die katholische.

Sehen Sie, unter was für Leuten wir leben; und wie gewiß ich den Namen eines **Schwärmers** davon tragen würde, wenn das, was ich hier schreibe, jenem unter die Augen kommen sollte!

Ich eile zu der II. Frage: Wenn wieder ein neuer Papst erwählt wird, werden sich nicht besonders die grossen katholischen Höfe heraus nehmen, auch etwas zu seiner Wahl beyzutragen? Ein neuer Papst muß erwählt werden. Dies seze ich voraus. Dies erfordert die katholische Glaubenslehre, die grosse Nothdurst der Kirche, und, wenn sonst nichts in Betrachtung käme, der Ernst, den man

den

den Neufranken, und denen, die ihres Theils
sind, entgegen sezen muß.

Und wer soll ihn wählen; die Kirchengeschichte belehrt uns, daß vor dem
Papst Nikolaus II. die Römischen
Päpste nicht durch die Kardinäle, sondern
durch die Stimmen der ganzen Römischen
Geistlichkeit, ja auch der Soldaten, das
ist, des Adels, und so gar der Bürger,
und des ganzen Volks erwählt worden seyen.
War es Wunder, wenn unter einem so ver-
wirrten und uneinigen Haufen Parteyen, Händel und Zänkereyen entstunden?

Nikolaus II. verordnete daher, daß
die Kardinäle, sowohl die Bischöfe, als
die Aelteste, jedoch mit Beyhehaltung des
alten Rechts der Römischen Kaiser bey einem so wichtigen Geschäfte, den Papst wählen

len sollten: doch schloß er die übrige Geistli,
che, auch die Bürger und das Volk von dieser Wahl nicht aus: sondern verlangte, daß
man die Einwilligung dieser aller suchen und
erhalten solle. Man findet diese Verordnung
des Nikolaus II. in den Conciliensamm-
lungen.

Seit dieser Zeit hatten die Cardinäle
allemal bey den Papstwahlen das meiste zu
sagen. Allein, so wohl die Priester, als
die Römischen Bürger, legten ihnen doch
lange Zeit viele Hinderniße in den Weg; als
welche entweder auf ihr vormaliges Recht
Anspruch machten; oder die ihnen übrig ge-
bliebene Erlaubniß, die Wahl eines Römischen Bischofs zu bestätigen, misbrauchten.
Diese Händel wurden erst im XII. Jahrhunderte unter P. Alexander III. geendigt, der
so glüklich war, dem angefangenen Werke des

Nikolaus

Nikolaus II. die Krone aufzuseßen, und die
ganze Macht der Papstwahlen den **Kardinälen** in die Hände zu spielen.

Man lasse den **Kardinälen** dieses Recht,
daß sie nun schon 700 Jahre ausgeübt haben:
nur behalte man sich von Seiten derjenigen
Höfe, denen an der Sache gelegen seyn muß,
vor, den Kardinälen theils Gewissenhaftigkeit
in der Wahl mit Ernst und Nachdruk zu empfehlen: theils, wenn es hieran fehlen sollte,
übe man das Recht aufs neue aus — andere
Zeiten erfordern andere Vorkehrungen — das
Kaiser und Könige schon im VII. Jahrhundert gehabt und ausgeübt haben; das Recht,
die geschehene Wahl entweder zu bestätigen,
oder diese Bestätigung zu versagen. Sollte
den Kardinälen dies nicht einleuchten wollen; so erinnere man sie bescheidentlich daran,
daß der **Papst Hadrian I.** auf einer Kir-
chen-

chenversammlung in Rom das Recht, einen Römischen Bischof zu erwählen und
zu ernehnen dem Kayser Carl dem
Grossen und seinen Nachfolgern übertra-
gen habe. Und wenn auch schon dieser Kayser, und sein Sohn Ludwig der Fromme sich dieses Rechts nicht haben bedirnen
wollen, so behielten sie sich doch die Befugniß
vor, die Wahl eines von der Römischen
Geistlichkeit und dem Volke erwählten Bischofs zu genehmigen und zu bestätigen;
so, wie auch seine Einweihung nicht anders,
als in Gegenwart der Kaiserlichen Gesand-
ten geschehen durfte:

Das KardinalsCollegium geht, wie
die Geschichte der Gewählten überzeugend
darthut, nicht immer die geradesten Wege;
sorget nicht allezeit für das Beste der Kirche;
wählt oft Männer, deren Wandel und Betra-

C   gen

gen mit ihrer Würde im auffallendsten Kon-
traste ist. Man lese, was die Geschichte von
Julius II. Alexander VI. Leo X. und
andern erzählt. Wäre es Wunder, wenn
die weltlichen Mächte die Kardinäle gar aus-
schlössen, und das volle Recht, diese Wahl
vorzunehmen, an sich zögen?

Doch, so weit werden sie wohl nicht
gehen, sondern sich damit begnügen, die geschehene Wahl zu bestätigen, wenn sie einen
Prälaten trift, von dem sich alles Gute erwarten läßt, weil seine Einsicht, Gelehrsamkeit,
Rechtschaffenheit, Uneigennützigkeit und un-
bescholtener Wandel allgemein anerkannt ist;
oder die Bestätigung zu verweigern, wenn
das Gegentheil am Tage liegt. Vielleicht
kommen auch die zwo folgenden Fragen noch
zur Sprache: Muß der Papst eben aus
dem KardinalsCollegium erwählt werden?

den? und: Muß es gerade ein Ita-
liåner seyn?

Wahrlich! Tugend und Gelehrsamkeit
ist nicht das Eigenthum nur der Kardinäle.
Wie viele, an denen diese Vorzüge glänzen,
gibt es nicht auch unter den Erzbischöfen,
Bischöfen, Aebten, Dechanten, Land-
pfarrern! Sollen diese blos deswegen auf
beständig ausgeschlossen seyn, weil sie keine Kardinäle sind? Und haben diese dieses Vorrecht
nicht lange genug genossen? Auch hierinn habe
ich die Kirchengeschichte auf meiner Seite. Sie
lehret ausdrüklich, daß mehrere Jahrhundert
hindurch auch andere Geistliche auf Petri
Stuhl erhoben worden seyen. Noch wider-
sinnischer und ungerechter aber ist das, daß
nun seit P. Adrian VI. keine andere, als
Italiäner, diese Würde bekleidet haben.
Auch lange vor diesem würdigen Nachfolger
des Apostel Petrus wählte man keine andere,
als von dieser Nation.

Wenn

Wenn Deutschlands Kurfürsten nur einen Deutschen zum Oberhaupt des Deutschen Reiches wählen, so ist das der Natur der Sache gemäß. Aber ist der Papst nur das Oberhaupt der Italiäner: oder ist er es nicht vielmehr über die katholische Christenheit, die durch alle 4 Theile der Welt zerstreut ist? Ich gestehe, daß mir dies schon lange zum Anstoß geworden ist. Warum sollte ein Deutscher, ein Spanier, ein Portugiese, ein Ungar, ein Polake, wenn er anders — und wer wird zweifeln, daß nicht auch unter diesen Nationen Leute von Verdiensten anzutreffen seyn? — Eigenschaften des Verstandes und Herzens besitzt, die ihn dieser hohen Würde würdig machen, nicht auch zum Papst erwählt werden können oder dürfen? Wenn Europens Regenten, die, weil sie Bekenner des wahren Römisch-Katholischen Glaubens sind, ein Wort zu der

Papst-

Papſtwahl zu ſagen ſich herausnehmen koͤn-
nen, dieſen Punkt ihrer Aufmerkſamkeit wuͤr-
digen, ſo moͤchte er auch unter den Forderun-
gen vorkommen, die ſie dem Nachdenken und
der Ueberlegung der Waͤhlenden empfehlen
werden.

Die III. Frage: Werden dem zu
waͤhlenden Papſte nicht Geſetze vorge-
ſchrieben werden, deren Beobachtung
er ſich nicht entziehen kann, wenn er auf
ſeinem Throne bleiben will? Ich ſetze
voraus, daß er den ſtraͤflichen Gehorſam gegen dieſe Vorſchriften beſchwoͤren muß, ehe
er gewaͤhlt wird. Dies kann man fuͤr keine
Beleidigung ſeiner Wuͤrde und Hoheit halten:
denn er iſt ja noch nicht der Stadthalter Chriſti, wenn er ſchwoͤrt: ſondern er wird erſt dazu ernannt, wenn er geſchworen hat.

C 3   Daſ

Hält es Deutschlands Kaiser für kei=
ne unwürdige Behandlung seiner Majestät,
daß er auf eine Wahlcapitulation schwören
muß; wie kann sich der Papst beschwehren,
wenn man sich seiner versichern will?

Und nun die Punkte, die man ihm vor=
legen soll! Sich, als der Stadthalter
Christi zu betragen: das wirklich zu seyn,
was er heissen will; ein Knecht der Knechte
Gottes, ein Nachfolger des Apostel Pe=
trus, dem es nicht um Silber und Gold,
sondern um das Seelenheil der ihm von sei=
nem Herrn, Christo, zum weiden anvertrau=
ten Schaafe und Lämmer zu thun ist; der,
was er thut, im Namen seines Herrn und
Meisters thut: der nicht über die Menschen,
am allerwenigsten über Könige und Regen=
ten herrschet, sondern durch ein heiliges Leben
ein Fürbild aller wird; der die Bischöfe
nicht

nicht nur seine Brüder nennt, sondern sich als
ihren, so wie aller andern Geistlichen, Bru-
der, beträgt; der den Titul: Päpstliche
Heiligkeit, oder: Allerseeligster Vater! als wahren Unsinn, wegwirft, weil ihm
sein Gewissen und Gefühl beydes so lange ab-
spricht, als er nicht wahrhaftig heilig denkt
und handelt, und noch nicht unter den See-
ligen, im Himmel, ist; der sich nicht mehr
herausnimmt, Heilige und Seelige zu er-
nennen, sondern dieses dem überläßt, der allein seelig machen und verurtheilen kann: der
es ferne von sich seyn läßt, Schäze zu sammlen,
und sie in Wollüsten zu verzehren, und die er
weiden soll, hungern zu lassen, und arm zu
machen; der endlich Rom, wo er wohnen
mag, zu einer wahrhaftig heiligen Stadt,
durch Unterricht in unserm heiligen Glauben,
durch Zucht und Ordnung, und durch sein ei-
gen Beyspiel, so viel an ihm ist, machen hilft.

Männer,

Männer, die das leisteten, und leisten wür=
den, was ich hier gesagt habe, wären gewiß
in der Römischkatholischen Kirche zu fin=
den. Waren nicht Adrian VI. Benedikt
XIII. Klemens XIV. Päpste, die, mensch=
liche Unvollkommenheiten abgerechnet, und,
worinn sie etwa dem Strohme der Zeiten fol=
gen mußten, alles Lob verdienten? Unter ei=
nem solchen Oberhaupte würden die schändli=
chen GeldErpressungen, die dem päpstli=
chen Stuhle und unserer ganzen Kirche
bey andern zu einem so grossen Vorwurf gerei=
chen, aufhören. Ein mässiger Gehalt wird
zu seinem Bedürfnisse genug seyn. Die weit=
läufigen Ländereyen, die bisher den Kirchen=
staat ausgemacht haben, mögen an andere
Regenten kommen, deren Sache es ist, das
Schwerdt zu führen. Sein Schwerdt soll
der sanfte Hirtenstab seyn, unter dem es allen
Christglaubigen wohl gehen kann.

Dies

Dies sind ganz neue Dinge, werden Sie
sagen. Neu, oder nicht neu! Daran ist we=
nig gelegen. Die Frage ist, ob es wahr ist,
was ich sage; und ob es ausführbar ist.
Am ersten, denke ich, zweifeln Sie nicht.

Aber die Ausführbarkeit! Für diese
möchte ist nun eben nicht stehen. Man weiß,
wie Regenten und Ministers in Sachen,
die Religion und Christenthum angehen,
denken; und wie wenig sie geneigt sind, wenn
nicht ihr Vortheil dabey ins Spiel kommt,
für jene 2. Dinge zu sorgen.

Mein Vorschlag, den Papst seiner
weltlichen Herrscherswürde zu entladen,
und den Kirchenstaat den Nachbarn zu über=
geben, möchte ihnen sowohl, als der bisheri=
gen päpstlichen Unterthanen, die fürwahr je=
den Landesherrn gegen ihren Regenten eintau=

C 5   schen

schen würden, am meisten willkommen seyn.
Wer weiß, was die Zeit, und die gegenwär=
tige bedenkliche Lage Italiens mit sich brin=
gen wird? Das werden Sie mir einräu=
men, daß in vielen Jahrhunderten, die Schis=
mata oder Spaltungen nach dem Tode ei=
nes Papsts mit eingerechnet, deren die Kir=
chengeschichte nicht wenigere, als dreyßig,
zählt, keine Erledigung der päpstlichen Kro=
ne in einen bedenklicheren ZeitPunkt gefallen
sey, als die gegenwärtige. Pius VI. scheint
deswegen so früh zum Papstthum gekommen
zu seyn; so lange, über 24 Jahre, wie
keiner seiner Vorfahren, regiert zu haben, um
durch seinen Tod eine lange Periode in der
Geschichte der Päpste zu beschließen, und ei=
ner neuen, höchst merkwürdigen, Plaz zu ma=
chen. Die grosse Kloke auf dem Kapito=
lium ist ohne Zweifel nach seinem Tode nicht
geläutet worden. — Wie bald wird sie,

um

um die Wahl eines neuen Papstes der
Stadt anzukündigen, ertönen? Wer will
das errathen?

Vielleicht wird dieses Jahrhundert be-
schlossen, ehe nur an die Erösnung des Con-
clave gedacht wird. Sollten die weltlichen
Mächte es bekannt werden lassen, was sie von
dem neuen Papste erwarten, welche Geseze
sie dem zu wählenden oder zu ernennenden
vorschreiben werden, wie viele, oder wie we-
nige werden Lust haben, das Ruder der Kirche in die Hände zu nehmen.

Der Nepotismus hätte bey einer solchen neuen Einrichtung auch ausgedient. Denn
wenn der Papst selbst nicht mehr reich ist,
und nur so viel hat, als er braucht, um ein
geistlicher Hirte seiner Heerde zu seyn, so
kann er auch andere nicht reich machen.

Und

Und wenn die Grossen von Europa
dem geistlichen Oberhaupt der Römisch-
Katholischen Kirche die Geseze und Be-
dingungen vorschreiben, die ich oben ange-
führt habe, und zu denen ich nur noch 2. hin-
zu sezen will, nämlich, theils, die Anzahl
der Klöster zu vermindern; theils, wenn
er seinem Gelübde nicht treu seyn sollte, den
päpstlichen Stuhl wieder zu verlassen;
— eine Bedingung, über deren Härte er
sich gar nicht beklagen kann, da man mehrere Beyspiele von Absezung der Päpste hat, nur keines mehr in neuern Zeiten,
— so möchte das Gedränge zu dieser Würde auch nicht mehr so groß seyn, als bisher: der Kabalen und Intriguen der Wählenden würde weit weniger werden, als vor-
hin; da seit 4 — 500 Jahren die Con-
claven der eigentliche Schauplatz gewesen
sind, auf welchem die Cardinäle ihrem Wiz,
ihrer

ihrer Lift, ihrer Verschlagenheit, Eigennuz
und andern Leidenschaften, zu geringer Er-
bauung der Christglaubigen, einen weiten
Spielraum gegeben haben.

Käme es dahin, so dürften auch Pas-
quin und Marforius in Zukunft stille schwei-
gen: die Stachelschriften würden aufhören,
und die Lästerzungen über den Gewählten
und die Wählenden müßten verstummen.

Ich eile zur Beantwortung der IV.
Frage: Muß nicht die Römischkatholische Kirche bey dieser ganzen
Sache grosse Rüksicht auf die Unkatholischen nehmen, um ihnen keine Blö-
ße zu geben? Sie kennen mich, liebster Freund. Sie wissen also, daß ich,
so treu und redlich ich meinem Glauben
anhange, und bis in mein Grab anhangen

werde,

werde, den ich, nach sorgfältiger Prüfung
und reifer Ueberlegung allein für den seelig
machenden halte, von aller Unduldsamkeit
gegen anders denkende weit entfernt bin.
Ich habe Mitleiden mit den Unkatholischen: ferne sey es also von mir, nur einen Gedanken in mir aufkommen zu lassen,
der Intoleranz oder Verfolgungssucht
athme. Ich wünschte vielmehr, alle Irr-
gläubige auf dem kürzesten, leichtesten
und sanftesten Wege zur wahren Kirche
gebracht zu sehen.

Ich bin ganz der Meinung des frommen und gründlich gelehrten Erzbischofs
Fenelons von Cambray, der behauptet
hat: Entweder ein Römischkatholi-
scher Christ; oder ein Deiste! Er
glaubte, ausser der katholischen Kirche
gebe es keine Gewisheit in Glaubens-
sachen:

ſachen; und dieſe könne man nur in derjenigen Kirche haben, die unter dem Papſte, dem untrüglichen Richter in Glaubensſachen ſtehe, ſich an ihn halte, und ſich
ſeinen Ausſprüchen unterwerfe. Dieſer Meinung bin auch ich von ganzem Herzen zu-
gethan, und vollkommen überzeugt, daß man
auſſer dieſer Ueberzeugung dem Deismus
in die Hände falle. So ſehr ich dieſen ver-
abſcheue, der ſeit einigen Jahren alles zu
überſchwemmen drohet; ſo lieb iſt mir die
Römiſchkatholiſche Kirche: und ich kann
mich des Erſtaunens nicht erwehren, daß ſo
viele vernünftige, ſcharfſinnige, gelehrte und
überhaupt, im Ganzen, gutdenkende Unka-
tholiſche das nicht auch einſehen ſollen. Ich
habe auch ſchon mit mehrern über dieſen Ge-
genſtand geſprochen, aber allemahl gefunden,
daß eben das, was mich an unſere Kirche
heftet, für ſie gerade der gröſte Stein des
Anſtoſſes iſt.   Dem

Dem Papſte ſind ſie gar nicht gut. Den Lehrſaz von der Kirche, und von dem ſichtbaren Oberhaupte derſelben, in unſerer Glaubenslehre, behaupten ſie, durchaus nicht verdauen zu können: von einem **untrügli-** **chen Richter** in Glaubensſachen wollen ſie nichts wiſſen: daß der Papſt ein göttli- ches Recht zu der Oberherrſchaft über die ganze Kirche habe, längnen ſie hart- näkig: und daß die kanoniſche Folge der Päpſte bis auf den leztverſtorbenen **Pius VI.** ununterbrochen geweſen ſey, dies widerſpre- chen ſie unaufhörlich. Alles dies lieſſe ſich noch hören; und wir können ruhig dabey ſeyn, da von unſern Gottesgelehrten ſchon oft und bündig genug darauf geantwortet worden iſt.

Aber was mehrere ihrer Theologen aus einigen Briefen der Apoſtel in den Schrif- ten des neuen Teſtaments, und beſonders aus

der

der Offenbarung des heiligen Johannes
wider den Papſt auf die Bahn bringen, da
ſie ihn den Antichriſt, das Papſtthum die
Babyloniſche Hure nennen, und Weiſſa-
gungen von dem völligen Untergange des
päpſtlichen Regiments in dieſen Stellen finden wollen, darauf kann ihnen nicht beſſer und
gründlicher geantwortet werden, als wenn
wieder ein Papſt gewählt wird, auf den man
jene abſcheuliche Dinge ſchlechterdings nicht
deuten kann.

Wen man die Papſtengeſchichte unpar-
theyiſch durchgeht, ſo ſtößt man freilich oft auf
Männer, bey denen es dem redlichſten Katho-
liken ſauer genug geſchehen muß, in ihnen
Stadthalter Chriſti zu erkennen und verehren
zu müſſen. Wer war Johannes XXIII.
den das Concilium zu Koſtniz vieler Laſter
wegen abſetzen mußte? Innocenz VIII.

D   Vater

Vater von 16. unehlichen Kindern, die er als
Papst sehr gut versorgte? Alexander VI.
einer der liederlichsten Menschen, die jemahls
gelebt, unter dessen Regierung Rom ein rech-
tes Sodom war; der die grössten Bosheis-
ten ausübte, um seine 4 Hurkinder in der
Welt recht groß zu machen, ein Giftmischer,
der aber selber an dem Gift, das er andern
hatte zubereiten lassen, sterben mußte: ein
wahrer Schandflek der Menschheit. Von
Julius II. diesem herrschsüchtigen, blutgie-
rigen, untreuen, meineidigen und mit andern
Lastern befleckten Mann, der sich ein eigenes
Geschäfte daraus machte, die Regenten, mit
denen er zu thun hatte, zu betrügen, und
endlich von Leo X. dem es eigentlich unsere Kirche zu danken hat, daß Luther auf
stehen, und der Römischkatholischen Religion, zum grossen Aergerniß der Christglaubigen, den Krieg ankündigen mußte, will ich
nichts

nichts sagen. Wenn aber nun, von dem gegenwärtigen Zeitpunkte an, bey der Wahl
eines neuen Papstes darauf allein gesehen wird,
einen Mann, er sey, von welcher Würde,
Cardinal, Bischof, Landpfarrer, oder Mönch,
— er sey — von welcher Nation er wolle, Deutscher, Spanier, Portugiese, Italiäner, kurz, er sey nur der, der er seyn solle, Vater der Glaubigen, Hirte der Schaafe, kein Verfolger der anders denkenden
sollte man dadurch den Unkatholischen Blös-
se geben? Würde man sie nicht vielmehr
herbey locken? Und würden sich nicht alle
diejenige, die bisher in der unseeligen Tren-
nung von der wahren, sichtbaren Kirche gelebt haben, freywillig einfinden, sich wieder
mit derselbigen vereinigen, der alten Mut-
ter, der sie ungetreu worden waren, mit
Schaam die Hände küssen, und sich unter ihren Schutz begeben?

D2 *Daß*

„Das sind süsse Träume, werden Sie sagen." „Wie sollte man das hoffen dürfen? Die Unkatholische sind nicht zu bewegen und zu gewinnen. Und dieß hiesse gar, „ihnen nachgeben. Und nichts weniger, als „dieß. Mit Gewalt müssen sie zu seiner Zeit, „die gewiß nicht ausbleiben wird, sie mögen „wollen, oder nicht, herbeygebracht, uud ih- „nen kein gut Wort dafür gegeben werden. „Ihre Lästerungen wider den Papst und wi- „der die ganze Römischkatholische Kirche „müssen auf ihren Kopf fallen, und es muß „ihnen vergolten werden, wie sie es verdienen."

Freund, dies ist keine Sprache — vergeben Sie mir diesen Ausdruk, — die sich vor der gesunden Vernunft, vor der Men- schenliebe, vor dem Sinn des Christenthums, und — ich darf das wohl noch hinzusezen — vor der Klugheit hören lassen darf. Was

hat

hat man bisher mit der Unduldsamkeit, mit Ver-
folgung der Irrenden, mit Blutvergiessen gewonnen? Nichts! Vielmehr hat man der guten Sache unausdrüklich viel damit geschadet.

Die Andersdenkenden — ich kann sie
nicht einmahl darum verdenken — haben die
Wiedervereinigung mit einer Kirche ärger, als
die Pest, geflohen, in der man von nichts als
von Morden und Schnauben wider sie wissen
wollte: Sie fanden sich glüklicher bey ihrem
Irrthum, wenn sie nur Ruhe hatten, als bey
der Wahrheit, zu der man sie mit Gewalt
zwingen wollte.

Man wähle einen Papst, zu dem sie Zu-
trauen haben, und in dessen Schoose sie mit
Freude und Dankbarkeit auf ihren vorherigen
Zustand zurücksehen können.

Dies

Dies, liebster Freund, sind nun mei=
ne Gedanken über die bevorstehende Papst=
wahl. Ich sehe manchem Widerspruch von
Ihnen entgegen; werde mich aber durch
nichts von dem, was ich hier geschrieben ha=
be, abbringen lassen. Wenn auch der neue
Papst nicht nach diesem meinem Sinne ist, so
soll michs nicht hindern, ihm eine glükli=
che Regierung, zum Seegen der ganzen,
nicht nur, der Römischkatholischen, Chri=
stenheit von dem Himmel zu erflehen,

E n d e.

Anhang.

Auszug eines Schreibens aus B. vom 25. Aug. 1799.

— Man spricht bereits von Kandidaten zur päpstlichen Krone. Man nennt den K. N. Z. und B. und andere. Ja, man soll bereits Gewisheit haben, daß der Hof in W. die Papstwahl sehr betreiben, und nicht ohne grossen Einfluß dabey seyn werde. Vor den Höfen in M. und P. hat er sich nun nicht mehr zu fürchten. Dieser ist nicht mehr: und jener wird, um seiner Verbindung mit den M. willen, nicht wissen, wie er sich dabey benehmen soll. — Wunderbare Dinge sollen auf dem Tapet seyn. — Den Italiänischen Kardinälen ist nicht wohl bey der Sache, da verlauten will, man möchte

den

den Gedanken haben, einen andern, als einen Italiäner, zu wählen; und diesem
auch eine andere Residenz, als **Rom**, an-
weisen. — Auch dürfte der **Friede**, er
mag geschlossen werden, wenn er will, dem
Kirchenstaate eine andere Gestalt geben. —
Kurz, diese Wahl — wenn sie anders vor-
genommen wird — wird die merkwürdig-
ste seyn, die die Welt je gesehen hat. Neulich sagte einer, der Kenntniß von der Sache hat: weder **Skrutinium,** (Wahl durch
die meisten Stimmen) noch **Acceß,** (Wahl
durch **Beytritt**) noch **Inspiration,** (Ein-
gebung des **h. Geistes**) werde diesmahl
statt finden. Die Vermuthung möchte ein-
treffen. —